Andreas Schlüter

LEVEL 4
DIE STADT DER KINDER

Bearbeitet
Illustratio

GW00702075

EASY READERS ·
ER
· LEICHT ZU LESEN

GEKÜRZT UND VEREINFACHT
FÜR SCHULE UND SELBSTSTUDIUM

Diese Ausgabe, deren Wortschatz nur die gebräuchlichsten deutschen Wörter umfasst, wurde gekürzt und in der Struktur vereinfacht und ist damit den Ansprüchen des Deutschlernenden auf einer frühen Stufe angepasst.

**Dieses Werk folgt der
reformierten Rechtschreibung
und Zeichensetzung**

HERAUSGEBER: Ulla Malmmose
und Charlotte Bistrup

Umschlagentwurf: Mette Plesner

Gedruckt in Dänemark von
Sangill Grafisk Produktion, Holme Olstrup

Biografie

Andreas Schlüter ist ein erfolgreicher Jugendbuchautor. Er wurde 1958 in Hamburg geboren. Bevor er zum Schreiben kam, leitete er mehrere Jahre Kinder- und Jugendgruppen in Hamburg. Einige Jahre arbeitete er auch als Redakteur für verschiedene Fernsehanstalten.

Sein erstes Buch, der Kinderroman „Level 4 - Die Stadt der Kinder", erschien 1994 beim Altberliner Verlag.

Heute arbeitet Schlüter nur noch als Autor von Kinderbüchern. Er hat eine ganze Reihe von spannenden Computer- und Science-Fiction-Krimis geschrieben, die immer um die Hauptfiguren von „Level 4 - Die Stadt der Kinder" kreisen:

Level 4 - Achtung, Zeitfalle
Level 4 - Jagd im Internet
Level 4 - Ufo der geheimen Welt
Level 4 - Der Ring der Gedanken

Weitere Werke:
Chaos im Netzwerk
Tatort Schule. Lösegeld
Kurierdienst Rattenzahn
Flucht vom Mond
Geisterhand

Kapitel 1

Die Sonne traf Ben genau ins Auge. Im Nu war er hellwach und sprang aufgeregt aus dem Bett.

Heute war der Tag der Tage. Heute bekam er endlich das neue Computerspiel. Frank, sein bester Freund, wollte es mit in die Schule bringen. 5

Schnell zog Ben sich an und steckte den Kopf durch die Schlafzimmertür seiner Mutter.

»Hallo, Mami! Gibt es heute kein Frühstück?«

Bens Mutter blickte *erschrocken* zum Wecker: sechs 10 Uhr dreiunddreißig. Gott sei Dank, sie hatte nicht verschlafen.

»Ben?«, fragte sie, »warum bist du jetzt schon auf?«

»Ich muss heute früher los«, sagte Ben. »Das neue Computerspiel!« 15

»Und deshalb weckst du mich eine halbe Stunde zu früh?«

»Das ist wichtig!«

»Klar«, antwortete seine Mutter. Ihr Blick fiel auf Ben und plötzlich lachte sie los. 20

»Was ist denn?«, wollte Ben wissen.

Kopfschüttelnd betrachtete die Mutter ihren Sohn. Er hatte einen roten Strumpf auf dem einen Fuß und einen grünen auf dem anderen. Sein Pullover war falsch herum angezogen und seine Hose war noch 25 offen.

»Hast du dich schon mal in den Spiegel gesehen, kleiner Clown?«, fragte sie.

»Oh Mann«, *stöhnte* Ben. »Nie nimmst du mich

erschrocken, voll Angst
stöhnen, klagen

5

ernst. Ich muss doch los!« Er flüchtete in sein Zimmer.
»Ich muss noch meine Schultasche packen.«

Ben griff nach der Schultasche. Er hoffte, dass sich darin
die Bücher befinden würden, die er heute brauchte.
5   In der Küche trank er ein Glas Milch.
»Willst du nicht frühstücken?«, fragte die Mutter.
»Frank bringt das Spiel. Und jetzt ist es schon so
spät.«
Ben versuchte mit dem rechten Fuß den Schuh
10 anzuziehen, ohne ihn zu öffnen. Endlich. Er nahm das
Schulbrot, das die Mutter ihm reichte, und stürzte aus
der Haustür.

Knapp zehn Minuten später kam Ben am Schultor an.
Er war den ganzen Weg gelaufen. Er blickte in alle
15 Richtungen, aber Frank war nicht zu sehen.
»Hallo, Ben«, rief eine Stimme über den Schulhof.
Ben drehte sich um. Er sah Thomas auf sich zukommen.
»Hast du deine Mathe-Hausaufgaben? Ich muss sie
noch von irgendjemandem abschreiben«, brüllte Tho-
20 mas.
»Platz da!«
Ben sprang zur Seite. Neben ihm bremste ein Fahrrad.
»Frank, endlich! Wo bleibst du denn so lange?«
»Ach, meine Mutter. Du weißt doch: Iss dein Brot,
25 trink deine Milch, hast du alle Sachen?«
»Ja, ja, wie bei mir zu Hause«, sagte Ben. »Und? Hast
du es dabei?«
»Natürlich. Was denkst du denn?« Frank zog ein
dickes Paket aus Zeitungspapier aus seiner Jacken-
30 tasche. Ganz langsam packte er es aus. Dann hatte Ben
die CD-ROM mit dem Spiel in der Hand.

Er hatte schon oft das Spiel im Kaufhaus gesehen und es selbst einige Male ausprobiert. Oft war er kurz davor, in die schwierigste *Ebene* des Spiels zu kommen. Aber jedes Mal kam ein unfreundlicher Verkäufer. »Lange genug gespielt«, meinte er. »Die Kunden, die wirklich was 5 kaufen, wollen auch mal sehen, wie das funktioniert.«

Aber nun konnten Ben alle Verkäufer dieser Welt egal sein.

Während des Unterrichts konnte Ben sich nicht kon-zentrieren. Er stellte sich immer wieder vor, wie er in 10 die vierte Ebene hinein kam.

Thomas boxte ihm von hinten in den Rücken. »Pst, da liegt ein *Zettel* für dich.«

»Ein Zettel? Woher?«, fragte Ben.

Thomas grinste. »Na, woher schon«, antwortete er, 15 »von da, wo er immer herkommt.« Dabei nickte er in Richtung Jennifer.

Jennifer blickte ungeduldig zu Ben hinüber. Er nahm den Zettel und las:

> Hallo Ben! Morgen schreiben wir die Klassenarbeit in 20
> Mathe. Kannst du mir helfen? Heute Nachmittag?
> Ist wichtig! Jennifer

Das hatte Ben gerade noch gefehlt. Die Klassenarbeit war ihm egal. Mathe war kein Problem für ihn. Und nun kam Jennifer. Aber sie hatte ihm bei der letzten 25 Englischarbeit geholfen.

Ben riss eine Seite aus seinem Schulheft und schrieb:

die Ebene, Stufe
der Zettel, kleines Stück Papier, worauf etwas geschrieben ist

Hallo Jennifer! O. K. Komm heute um vier bei mir
vorbei. Dann lernen wir. Habe aber nicht viel Zeit.
Ben

Der Zettel wanderte unter den Schultischen, bis er end-
5 lich bei Jennifer ankam. Sie las ihn und ein zufriedenes
Lächeln breitete sich auf ihrem Gesicht aus.

Kapitel 2

Endlich war Ben zu Hause. Er rannte in sein Zimmer
und *schmiss* die Schultasche in die Ecke. Dann nahm er
die CD-ROM hervor. Er legte sie ins Fach und startete
10 den Computer.
Der Bildschirm *flackerte*. Ein kurzes *Piepsen*. Wie
immer leuchteten die gelben Zeilen auf und verschwanden wieder.
Ben begann, das Spiel zu installieren.

15 Dann kam die Melodie und er las die Meldung auf dem
Bildschirm:

DIE STADT DER KINDER
DAS SUPERABENTEUERSPIEL

»Mach schon!«, rief Ben ungeduldig.
20 Bald zeigte der Bildschirm eine Einkaufsstraße. Kleine Figuren gingen in die Geschäfte hinein und kamen
wieder heraus.

schmeißen, mit Kraft werfen
flackern, unregelmäßig leuchten
das Piepsen, feiner hoher Ton

In der unteren Ecke stand die Figur, die Ben mit dem *Joystick* bewegen konnte. Er probierte es: nach links, nach rechts, nach vorn, nach hinten.

der Joystick

Gut, es konnte losgehen.

Zuerst die Straße hoch und in das letzte Geschäft 5 hineingehen. In der Stadt war Chaos. Achtung vor den Autos! Die wurden nämlich von Kindern gefahren, die keinen Führerschein hatten.

Plötzlich fiel ein Blumentopf aus einem Haus und *zersprang* dicht neben der Figur. Das war knapp. Er 10 musste vorsichtiger sein. Bis zu der vierten Ebene war noch ein langer Weg. Und nach jedem großen Fehler fing das Spiel von vorne an.

Ben hatte Glück.

Schon zeigte das neue Bild ein Geschäft von innen. 15 Der Besitzer stand da. Ben wusste aber von seinen Versuchen im Kaufhaus, dass er kein normaler Verkäufer war. Er war ein *Zauberer*, einer der letzten Erwachsenen in der Stadt.

Vorsicht! Jeden Schritt der Figur musste er durch- 20 denken. In der Glas*vitrine* war der Schlüssel zum nächsten Bild versteckt. Das wusste er genau. Auch dass

zerspringen, in viele Stücke auseinander fallen
der Zauberer, jemand, der magische Kraft besitzt
die Vitrine, Kasten, worin etwas zur Schau steht

9

eine *Falltür* im Fußboden auf eine unvorsichtige Bewegung der Spielfigur wartete.

Ben nahm den Joystick fest in die Hand. Und schon ...

5 »rring-rring!«, klingelte es an der Haustür.

»Das darf doch nicht wahr sein!«, dachte Ben. Aber ein Blick auf seinen Radiowecker holte ihn in die Wirklichkeit zurück. Es war vier Uhr. Jennifer!

Ben ließ den Bildschirm keinen Augenblick aus den
10 Augen. Er ging einige Schritte auf die Zimmertür zu. Was würde der Zauberer mit seiner Figur machen, wenn er zu lange an einer Stelle stehen blieb?

»Rring!«

»Ja, doch!«, rief Ben ärgerlich. Er rannte los und riss
15 die Haustür auf und stürzte wieder zurück in sein Zimmer.

Jennifer blieb mit offenem Mund vor der Haustür stehen.

»Was war das denn?«, fragte Miriam.

20 Ben hatte in seiner Eile gar nicht bemerkt, dass sie zu zweit gekommen waren. Jennifers beste Freundin Miriam war auch nicht gerade die Beste in Mathematik.

Jennifer stand bewegungslos an seiner Zimmertür.

Himmel, wie es hier aussah! Auf dem Fußboden lagen
25 Computer-Zeitschriften, *Schraubenzieher*, *Steckdosen* und *Kabel* durcheinander.

Miriam stellte sich hinter Ben und blickte ihm über

---

die *Falltür*, geheime Klapptür im Fußboden, durch die man beim Betreten hindurchfällt

10

der Schraubenzieher — die Steckdose — das Kabel

die Schulter. Sie betrachtete interessiert den Bildschirm.

»*Verdammt!*« Ben war ganz rot im Gesicht. »Das gibt
es doch nicht!«

»Was ist los?«, fragte Miriam.   5

Ben schlug wie wild auf die Tasten. Er sah Miriam
und Jennifer mit verwirrtem Blick an. Unglücklich sagte er: »Der Zauberer ist weg!«

---

verdammt, Ausdruck für Wut und Ärger

11

Kapitel 3

»Mensch, Ben. Wie geht diese Aufgabe jetzt? Du hörst mir überhaupt nicht zu«, klagte Jennifer.

»Ja, du erklärst das gar nicht richtig«, sagte auch Miriam.

5 Ben konnte nur an sein Computerspiel denken. Warum funktionierte es nicht? Noch nie war der Zauberer verschwunden.

Immer wieder stellte er den Computer ab, um ihn sofort wieder neu zu starten. Aber jedes Mal wurden die 10 Fehler im Spiel noch größer.

Jetzt war nicht nur der Zauberer verschwunden. Es fuhren auch keine Autos mehr. Nur die kleine Figur, die er mit dem Joystick steuerte, war noch da.

»Das Spiel ist total kaputt!«, sagte er.

15 »Oh Mann«, stöhnten die Mädchen wie aus einem Mund.

»Du und dein *bescheuertes* Computerspiel!« Jennifer war sauer. »Komm, Miriam, wir gehen. Mit dem ist heute nichts anzufangen.«

20 Eine Minute später waren die beiden Mädchen draußen auf der Straße.

Endlich!, dachte Ben.

Er saß vor dem Bildschirm, ohne zu merken, wie die Zeit verging. Immer wieder wiederholte er die gleichen 25 Handbewegungen: Computer ausstellen, Computer anstellen, das Spiel *laden*. Das Spiel beginnt. Er kontrolliert den Joystick, geht mit der Figur in das Geschäft

---

bescheuert, idiotisch
laden, hier: den Inhalt einer CD in den Computer transportieren

mit dem Zauberer.

Und dann passierte es immer und immer wieder: Der Zauberer blieb verschwunden, das Spiel stand still.

Langsam bekam Ben Hunger. Er blickte auf seinen Radiowecker. Kurz nach halb sieben.

Komisch, dass seine Mutter noch nicht da war. Zum Abendessen war sie sonst pünktlich auf die Minute, und das hieß: Um sechs Uhr gab es Essen. Das wusste Ben genau. Er konnte mit seiner Mutter über alles reden. Nur beim Abendessen blieb sie *stur*. Einmal am Tag, zu einem festen Zeitpunkt wollte sie in Ruhe mit ihrem Sohn zusammen sein.

Ben verstand das nicht richtig. Sein Vater wohnte am anderen Ende der Stadt. Seine Mutter sah er jeden Tag. Aber warum musste das immer abends um sechs Uhr sein?

Irgendetwas stimmte nicht. Warum hatte die Mutter nicht angerufen?

Ben ging in die Küche und blickte in den Kühlschrank. Käse, Wurst Butter, Cola und sogar einige Würstchen lagen da.

Mit drei heißen Würstchen und Ketschup, zwei Scheiben Brot mit Wurst und einer Dose Cola setzte Ben sich an den Küchentisch. Er sah aus dem Fenster. Von hier aus konnte er fast die ganze Straße überblicken.

Auf der Straße tat sich nichts. Nicht nur, dass Bens Mutter nicht kam. Nein, auf der Straße war überhaupt nichts zu sehen. Kein Mensch.

stur, nicht flexibel

13

Irgendetwas war merkwürdig an dieser Straße. Autos auf beiden Seiten wie immer. Die Geschäfte, der Bäcker, der Zeitungsladen, der kleine Supermarkt, hatten natürlich schon geschlossen.

5 So sah es aus.

Aber dass niemand auf der Straße war, kam Ben sehr merkwürdig vor. Nicht einmal ein Auto fuhr durch die Straße.

Das gab es doch sonst nie! Irgendetwas musste los 10 sein. Vielleicht ein schlimmer Unfall? Vielleicht hatte die Polizei die Straße gesperrt? Schnell zog Ben Schuhe und Jacke an und stürmte hinaus.

Nichts!

Kein Unfall, keine Polizei. Einige Autos standen 15 mitten auf der Straße. Sie waren leer. Kein Mensch war zu sehen.

Ben stand ganz allein auf der Kreuzung. Er drehte sich um sich selbst und blickte in alle Richtungen.

Was war los?

20 Wen konnte er fragen?

Jennifer! Sie war doch vor zwei Stunden noch bei ihm gewesen. Dann war sie mit Miriam gegangen. Wenn etwas Merkwürdiges geschehen war, musste sie es wissen.

Kapitel 4

25 Ben klingelte an Jennifers Haustür. Sofort wurde die Tür aufgerissen und Ben sah in das *erstaunte* Gesicht

| *erstaunt*, verwundert

14

von Jennifer.

»Was machst du denn hier? Ich hatte gehofft, es wären meine Eltern. Ich warte schon über eine Stunde auf sie.«

»Deine Eltern sind auch weg?«, fragte Ben. 5

Plötzlich kamen ihm ganz verrückte Gedanken: Zum ersten Mal kommt meine Mutter nicht nach Hause. Auf der Straße fährt kein einziges Auto. In der Stadt bewegt sich nichts. Jennifers Eltern sind auch weg.

»Wie im Computerspiel«, sagte Ben laut. 10

»Wie bitte?«, fragte Jennifer. »Kannst du nie an etwas anderes denken als an deinen Computer?«

Aber es war genau wie in seinem neuen Computerspiel, dachte Ben. Auch dort verschwinden von Bild zu Bild immer mehr Menschen aus der Stadt. Es sind 15 immer nur die Erwachsenen. Im Computerspiel müssen die Kinder versuchen, die Stadt zu retten. Dafür gibt es dann Punkte.

Aber das Spiel war ja kaputt!

»Hör zu«, sagte er zu Jennifer. »Lass uns alle anderen 20 anrufen und fragen, was bei denen los ist.«

»Welche anderen?«, fragte Jennifer.

»Na, Frank, Miriam, Thomas und so weiter.«

Jennifer hielt das für eine dumme Idee. Was hatten die anderen damit zu tun, dass ihre Eltern nicht nach 25 Hause kamen? Trotzdem stellte sie sich neben Ben ans Telefon. Dann begannen sie einen nach dem anderen anzurufen.

Schon nach einer Viertelstunde war für Ben die Sache klar. 30

15

»Ich weiß nicht wieso«, sagte er zu Jennifer. »Alle, die älter sind als fünfzehn Jahre, sind verschwunden. Miriam wartet auf ihre Eltern, die Großmutter von Thomas ist plötzlich nicht da. Franks Eltern und sein
5 großer Bruder sind auch weg.«

»Wie kommst du auf fünfzehn?«, fragte Jennifer.

»Im Computerspiel verschwinden alle Menschen, die älter sind als fünfzehn Jahre. Und genau das ist hier passiert!«

10 »Du meinst, dein Computerspiel ist Wirklichkeit geworden?«

»Genau das meine ich, auch wenn es verrückt klingt.«

»Du *spinnst* doch!«

15 »Dann erklär mir, wo sie alle sind.«

»Aber das gibt es doch gar nicht!«, schrie Jennifer. Ihre Stimme *zitterte*. Ihre Augen wurden feucht. Nein, solange sie nicht vollkommen sicher war, dass Ben Recht hatte, wollte sie nicht weinen. »Ich will wissen,
20 ob das stimmt, was du sagst.«

Sie zog Ben zurück zum Telefon. »Ich werde jetzt alle Erwachsenen anrufen, die ich kenne. Und du wirst das auch tun, Ben!«

»Keine schlechte Idee«, meinte Ben.

25 Und so wählten sie eine Nummer nach der anderen. Aber nirgends nahm jemand ab. Nach dem siebzehnten Versuch legten sie endlich eine Pause ein.

»Ich fürchte, ich hatte Recht«, sagte Ben. »Und nun?«

30 »Und nun?«, schrie Jennifer. »Das weiß ich doch

---

spinnen, fantasieren
zittern, aus Angst vibrieren

nicht! Es ist doch dein bescheuertes Computerspiel!«

»Ich hab doch nur gesagt, es ist alles wie im Computerspiel. Das heißt doch nicht, dass mein Spiel daran schuld ist. Wie soll denn das funktionieren? Das gibt doch keinen Sinn!« 5

»Ich weiß nicht, wie das funktioniert. Ich weiß nur, dass alles in Ordnung war. Alles war in Ordnung, bevor du angefangen hast, dieses Spiel zu spielen!«

Angst und Wut stiegen in Ben auf. Er konnte doch nichts dafür, dass alle Erwachsenen fehlten, oder doch? 10

Ich habe doch nur gespielt, dachte er. Und ich habe alles richtig gemacht. Es geht doch gar nicht, dass ein Computerspiel die Erwachsenen verschwinden lässt.

Aber wenn doch? Bin ich dann schuld, dass wir jetzt alleine sind? 15

»Ich verstehe das alles nicht!« Jetzt weinte er.

Jennifer hatte sofort *Mitleid* mit ihm.

»Entschuldigung«, sagte sie. »Ich wollte dich nicht so anbrüllen. Aber ich habe Angst. Was sollen wir denn machen?« 20

»Ich habe auch Angst«, antwortete Ben. Er fühlte sich sehr klein und hilflos. »Am Besten treffen wir uns erst mal mit Frank und Miriam. Vielleicht fällt denen etwas ein.«

Er wischte sich eine Träne aus dem Auge. 25

|
das Mitleid, Mitgefühl

Kapitel 5

Eine halbe Stunde später saßen alle vier bei Jennifer zusammen. Es war schwierig für Jennifer und Ben gewesen, Frank und Miriam alles zu erklären. Die beiden anderen hatten natürlich kein Wort geglaubt.

5 Alle vier beschlossen, sich draußen noch mal genau umzusehen.

Sie liefen hinaus auf die Straße. Noch immer standen überall Autos herum. Keines fuhr. Auf der einen Straßenseite gab es eine Pizzeria.

10 Frank wusste, dass die bis spät in die Nacht geöffnet hatte. Er lief hinüber und sah hinein. Niemand war zu sehen. Aus dem Backofen kam schwarzer Rauch.

Frank nahm ein Handtuch um die Hand und öffnete den Ofen. Eine dicke Rauchwolke kam ihm entge-
15 gen. Er sprang zur Seite und hustete. Miriam stellte den Ofen aus.

»Nicht mehr lange und alles wäre in Flammen aufgegangen«, meinte Jennifer.

Ben sah sich um. Auf den Tischen standen halb leer
20 getrunkene Gläser und Teller mit angebissenen Pizzas.

»Hier sieht es aus, als hätte jemand alle Leute weggezaubert«, sagte er. Die anderen sahen ihn erschrocken an.

»Komm, wir schauen mal in den nächsten Laden«,
25 schlug Frank vor.

Im Friseurladen lief warmes Wasser aus dem Hahn. Auf dem Fußboden lag ein Rasierer und summte vor sich hin. Auch hier war kein Mensch zu sehen.

30 »Genau wie in der Pizzeria«, sagte Miriam.

»Ja«, sagte Ben. »Was habe ich gesagt: Alle Erwachsenen sind verschwunden.«

»Das ist doch verrückt!«, stöhnte Frank. »Das glaubt einem doch kein Mensch.«

»Macht nichts«, bemerkte Miriam. »Du brauchst es auch keinem erzählen. Die Kinder werden es selbst merken und die Erwachsenen sind weg!«

»Lasst uns zurück zu mir nach Hause gehen«, sagte Jennifer. »Ich will auf keinen Fall allein sein.«

Im Wohnzimmer von Jennifers Eltern stellte Miriam sofort den Fernseher an. Der Bildschirm blieb schwarz.

»Wir reden erst mal mit niemandem über Bens Computerspiel«, schlug Jennifer vor. »Wir warten bis morgen früh und sehen dann, was eigentlich los ist in der Stadt.«

»Und morgen gehen wir als Erstes in die Schule«, sagte Miriam. »Da hört man immer zuerst, was los ist.«

Kapitel 6

Und Miriam hatte Recht: Als sie am nächsten Morgen in der Schule ankamen, war der Schulhof voll mit Schülern.

Alle redeten aufgeregt, aber niemand konnte sich erklären, wo die Erwachsenen sein könnten.

»Alle mal herhören!«, schrie Ben so laut, er konnte. Nur wenige verstanden seine Worte. Nachdem er es fünfmal gerufen hatte, wurde es auf dem Schulhof ruhiger.

»Ihr wisst alle, was los ist«, schrie Ben weiter. »Alle Erwachsenen sind weg. Solange wir nicht wissen, wann sie wiederkommen ...«

»Wenn es sicher ist, dass die Alten weg sind, weißt du dann, was ich mache?«, brüllte einer.

»Dann können wir endlich mal *auf die Pauke hauen*«, rief ein Zweiter.

»Ich gehe in die Stadt und hole mir, was ich brauche. Ohne Geld!«, brüllte ein Dritter.

Hunderte von Schülern stürmten schreiend zum Schultor. Jeder wollte als Erster in die Stadt.

»Nein, nein!«, rief Ben. Aber niemand hörte ihn. Um ihn herum brüllten seine Mitschüler. Sie warfen Steine und zogen dann auch los, um die Stadt zu plündern.

Ben hielt sich die Ohren zu. Tränen standen ihm in den Augen.

Miriam, Jennifer und Frank standen mit großen Augen nebeneinander an der Schulmauer. Sie sagten kein Wort.

Etwa zwanzig andere Schüler liefen noch auf dem Schulhof hin und her und waren völlig verwirrt. Ihre Augen waren gerötet. Sicher hatten sie die halbe Nacht geweint, weil ihre Eltern nicht gekommen waren. Nun wussten sie nicht, was sie tun sollten.

»Sag mal«, fragte Miriam, »ist es eigentlich so furchtbar, erst mal in die Stadt zu gehen? Also ehrlich, ich habe auch schon lange davon geträumt, mal in einem großen Kaufhaus ... «

»Mensch, Miriam!« Frank war rot vor Ärger.

»Bevor wir anfangen zu streiten«, sagte Jennifer

---

auf die Pauke hauen, hier: richtig loslassen und tun, wozu man Lust hat

schnell, »gehen wir doch in die Stadt. Wir sehen uns einfach an, was da los ist.«

»Ich denke, wir wollen besprechen, wie es weitergeht«, sagte Thomas.

»Passt auf«, antwortete Jennifer. »Wir treffen uns 5 alle heute Nachmittag um sechzehn Uhr vor der Aula. Sag den anderen Bescheid. Bis dahin soll sich jeder in der Stadt umschauen. Heute Nachmittag sammeln wir dann alle Informationen und besprechen, was zu tun ist. Alles in Ordnung?« 10

»Okay, wird gemacht«, rief Thomas. Ben und Frank standen nur da und sahen erstaunt auf Jennifer.

Miriam grinste über das ganze Gesicht.

»Frau Präsidentin hat gesprochen. Also gehen wir!«

Kapitel 7

Ben hatte schon so manches *Schlachtfeld* gesehen, in 15 seinen Computerspielen.

Nie hätte er geglaubt, dass er einmal in Wirklichkeit so etwas erleben würde.

Jetzt stand er mittendrin in der Schlacht. Nicht in einem grausamen Abenteuerspiel, sondern im Einkaufs- 20 zentrum seiner Stadt.

Die Schaufenster waren kaputt und der Fußboden war voll von Glas*scherben*. An den Wänden *klebten* Sahnetorten, die Türen waren mit Ketschup beschmiert.

Im Gemüseladen warfen Kinder Tomaten und Melonen 25

---

das Schlachtfeld, Stelle, wo es einen heftigen Kampf gibt
die Scherbe, Stück von zerbrochenem Glas oder Porzellan
kleben, fest sitzen

der Pfeil

der Bogen

gegen den Fischladen. Kinder im Fischladen warfen Sardinen und Makrelen zurück. Mädchen sprangen mit hochhackigen Schuhen und feinen Abendkleidern über das Schlachtfeld. Jungen in schwarzen Lederanzügen rasten auf neuen Mopeds an ihnen vorbei. Aus dem Elektronik-Markt wurden Hifi-Anlagen herausgetragen, während hunderte von CDs durch die Luft flogen.

Eine Gruppe Jungen spielten »Robin Hood« mit *Pfeil und Bogen*.

»Ihr Vollidioten!«, brüllte Frank. Im Laufen schnappte

22

er sich einen Golfschläger und stürmte auf die Bogenschützen zu.

»Legt sofort die Bogen hin! Wollt ihr uns umbringen oder was?«

»Wenn du Angst hast, bleib doch zu Hause. Du hast uns nichts zu sagen«, sagte einer, der Kolja hieß.

Kolja war eine Klasse höher als Frank, der zusammen mit Ben, Jennifer und Miriam in die Siebte ging. Wenn es irgendwo auf dem Schulhof eine Schlägerei gab, war Kolja mit Sicherheit dabei. Er prügelte und ärgerte alle anderen Schüler.

Nur Frank hatte keine Angst vor ihm. Das brauchte er nicht. Frank war der beste Sportler der Schule.

Kolja wollte gerade wieder einen Pfeil durch das Einkaufszentrum schießen. Da merkte er, wie das Holz in seiner Hand vibrierte.

Er sah erstaunt auf. Frank hatte Koljas Bogen mit einem Schlag in zwei Teile zerbrochen.

Die anderen Jungen legten nun ihre Bogen weg. Sie starrten auf Frank und Kolja, die sich gegenüberstanden.

»Na, du kleiner Polizist, rief Kolja. »Willst du ab jetzt immer hinter mir herlaufen und aufpassen?« Mit einer Handbewegung rief er seine Freunde und lief mit ihnen aus dem Einkaufszentrum.

Frank drehte sich zu Miriam. »Deshalb war ich auf dem Schulhof gegen das Plündern von Kaufhäusern.«

»Das habe ich inzwischen begriffen«, sagte Miriam. »Hier führen sich alle auf wie Verrückte.«

»Wer weiß, ob die Erwachsenen jemals zurück

23

kommen?« Miriam fing an zu weinen.

Ben, Jennifer und Frank wurden weiß im Gesicht.

Ben sah Frank an. »Vielleicht müssen wir für eine längere Zeit alleine überleben.«

5 Frank hatte sofort verstanden, was Ben damit meinte.

»Und im Moment sind die anderen dabei, alle Lebensmittel durch die Gegend zu werfen.«

»Wir müssen hier irgendwo die Schlüssel für die Lagerräume finden«, sagte Ben. »Dann können wir die 10 Lebensmittel sichern.«

»Eine Superidee«, rief Miriam. »Und ich weiß, wo das Büro ist.«

Wieso?«, fragte Jennifer.

»Ja«, gab Miriam zu. »So ein blöder Hausdetektiv 15 hat mich mal *erwischt*. Nur weil ich ein Stofftier für meinen kleinen Bruder ... « Miriam wurde auf einmal ganz blass um die Nase. Sie schlug sich mit der Hand auf die Stirn.

»Mein Gott!«

20 »Was ist los?«, fragte Jennifer.

»Mein Bruder!«, schrie Miriam. »Ich habe meinen Bruder vergessen!«

»Ach du Schreck! Wir müssen sofort zur *Kinderkrippe*.«

25 Jennifer und Miriam stürzten davon.

---

erwischen, fangen
die Kinderkrippe, Kindergarten für Babies und ganz kleine Kinder

Kapitel 8

Sie waren auf das Schlimmste gefasst.

Miriam sah ihren kleinen Bruder schreiend am Fenster stehen, um ihn herum die anderen Kinder. Eigentlich müsste man schon das *Jammern* der vergessenen Kinder hören können, dachte sie. 5

Jennifer war elend zumute. Was sollten sie mit den schreienden und weinenden Babys und Kleinkindern machen? Sie konnten doch nicht alle Kinder mit nach Hause nehmen.

Nun konnten sie die Kinderkrippe sehen. Noch war 10 von schreienden Kindern nichts zu hören. Alles war ruhig. Zu ruhig.

Miriam und Jennifer starrten sich an. Was war geschehen?

»Meik?«, rief Miriam. 15

Mein Gott, was ist hier passiert?, dachte Jennifer.

»Meik! Bist du hier?«

Jennifer drehte sich langsam um. Kein Kind weit und breit. Der Spielplatz war leer. In der Sandkiste lagen *Eimer*, *Schaufel* und Spielzeugautos. 20

»Jennifer!« Miriam steckte den Kopf aus dem Fenster. »Ich habe hier alles abgesucht. Niemand ist hier! Alles leer! Wo ist mein Bruder? Wo sind die alle hingelaufen? Was soll ich denn jetzt machen?«

Jennifer wollte es mit eigenen Augen sehen. Aber 25

das Jammern, Klagen
der Eimer, siehe Zeichnung auf Seite 26
die Schaufel, siehe Zeichnung auf Seite 26

der Eimer   *die Schaufel*

natürlich hatte Miriam Recht. Es war kein Kind zu sehen.

»Und jetzt?« Miriam standen Tränen in den Augen.

»Wir fahren ins Krankenhaus«, antwortete Jennifer.

5 »Wieso denn ins Krankenhaus?« Miriam verstand es nicht.

»Hör zu«, erklärte Jennifer. »Alle Erwachsenen sind verschwunden. Im Einkaufszentrum ist Chaos. Das ist alles, was wir wissen, mehr nicht. Es ist eine
10 Notsituation. Und wo sammelt man sich dann? Im Krankenhaus! Also komm!«

Kapitel 9

Zur gleichen Zeit hatten Ben und Frank das Kaufhaus-
büro gefunden. Dort hatten sie sich den Schlüssel für
das Lager geholt.

Der Schlüssel passte, das große Tor zum Lager ließ
sich leicht öffnen.

Soweit Ben und Frank blicken konnten, nichts als
Regale, voll gestopft mit braunen Kartons.

»Was von all dem Zeug sind Lebensmittel? «, fragte
Ben. »Und wo ist das Kühlhaus?«

Frank steckte den Kopf um die Ecke eines Ganges.
Nirgends gab es eine Tür, nirgends war ein Durchgang
zu sehen. Irgendwo musste doch ein Kühlhaus sein.
Wo sonst wurden die Würste, das Fleisch und die Milch
aufbewahrt?

»Frank!« Ben holte tief Luft. Dann fragte er: »Frank,
hast du jemals in diesem Kaufhaus Fleisch gekauft oder
frische Milch?«

»Nein, das machen meine Eltern.«

»In diesem Kaufhaus gibt es gar kein frisches
Fleisch«, brüllte Ben. »Und keine frische Milch! Hier
gibt es nur Fertigpackungen und Konserven. Und
deshalb ist hier auch kein Kühlhaus!«

Noch bevor Frank etwas dazu sagen konnte, fuhr
Ben fort:

»Im Einkaufszentrum gibt es nur die kleinen
Geschäfte, den Fischladen, den Käseladen, den Gemüseladen und so weiter. Die haben alle ihre *Kühltruhen* im

das Regal, auf dem Boden stehendes Gestell zum Aufbewahren von
Waren oder Büchern
die Kühltruhe, Behälter zum Tiefkühlen von Lebensmitteln

27

Laden stehen. Und vor diesen Kühltruhen stehen jetzt zweihundert Kinder und bewerfen sich mit den frischen Lebensmitteln!«

Bens Hände zitterten. Er war rot im Gesicht.

5   Frank fühlte sich hilflos.

Pünktlich um sechzehn Uhr standen Frank und Ben vor der Aula in ihrer Schule. Thomas und viele andere Kinder warteten schon. Aber Miriam und Jennifer waren nicht dabei.

10   Hoffentlich sind die nicht auch noch verschwunden, dachte Ben. Ihm fiel es schon schwer genug, die Lage zu überblicken. Wenn jetzt auch noch zwei seiner besten Freunde verschwunden wären ...

»Okay«, begann er. »Ich schlage vor, dass wir der 15   Reihe nach erzählen, was wir herausbekommen haben.«

»Die Fernseher funktionieren nicht«, begann ein Junge, den Ben nicht kannte. »Ich habe es den ganzen Tag versucht, aber immer bleibt das Bild schwarz.«

20   »Ja, klar. Das wissen wir«, sagte Frank.

»Also los, was gibt es Neues?«, fragte Ben.

»Wisst ihr, wo ich *Futter* für meine Pferde herbekomme?«, fragte Kathrin. Sie war zwölf und ging in Bens Klasse.

25   Frank und Ben sahen sich an. Tiere! Auch das noch. Wer sollte sich jetzt auch noch um die Tiere kümmern?

»Und was ist mit dem Zoo?«, rief Thomas.

»Ich glaube, es kommen einige Probleme auf uns zu«, sagte Ben.

| *das Futter*, Nahrung für Tiere

28

»*Blaulicht*! Da kommt ein Krankenwagen mit Blaulicht!« Thomas stürmte an die Eingangstür.

Das kann doch nicht sein, dachte Ben. Ohne Erwachsene konnten keine Krankenwagen durch die Gegend fahren, schon gar nicht mit Blaulicht. Waren die Erwachsenen zurück?

In diesem Augenblick fuhr der Krankenwagen direkt vor die Aula. Am Steuer saß Miriam!

Sie stieg aus.

»Seit wann kannst du Auto fahren?« Thomas starrte sie an.

»Habe ich mal auf einer Party gelernt«, antwortete Miriam.

Nun sprang Jennifer aus der Seitentür des Krankenwagens.

»Wir waren im Krankenhaus«, sagte sie. »Die Kinderabteilung war leer und auf allen anderen Stationen war niemand! Nun erklärt mir mal, wo die kleinen Kinder sind.«

Ben dachte nach.

»Ich weiß es nicht«, sagte er. »Es ist nur so: Das Computerspiel handelt von Kindern. Kinder müssen ja die Stadt retten. Aber im Spiel kommen keine kleinen Kinder vor. Die Erwachsenen verschwinden. Aber die kleinen Kinder gibt es überhaupt nicht im Computerspiel.«

»Was redest du da von einem Computerspiel?«, fragte Thomas.

Die anderen Kinder hatten auch noch nichts von einem Computerspiel gehört. Sie wussten nur, dass die

---

das Blaulicht, blau leuchtendes Lichtsignal für Kranken-, Polizei- und Feuerwehrwagen

Erwachsenen weg waren!

»Ihr wisst mehr als wir«, sagte Kathrin, »ihr solltet uns endlich alles sagen!«

Kapitel 10

Ben erzählte nun die ganze Geschichte von Beginn an.
5 Von dem Computerspiel, das er von Frank hatte, von dem Zauberer, der plötzlich weg war. Und davon, wie die Erwachsenen danach verschwunden waren.

Alle Kinder schwiegen. Ihnen war die Lage klar:
Sie waren allein in der Stadt und wussten nicht, wie
10 sie funktionierte.

Im Einkaufszentrum bewarfen sich Kinder mit Lebensmitteln.

Ein Kühlhaus gab es nicht.

Mitten im Chaos: Kolja und seine Freunde.

15 Das Schlimmte war, dass keiner von ihnen wusste, wie lange das alles noch dauern sollte.

»Kommen meine Eltern nie wieder?«, weinte ein kleiner Junge. Er legte seinen Kopf an Miriams Schulter.

Frank versuchte zu trösten. »Die Lage ist nicht hoff-
20 nungslos«, erklärte er.

Alle Kinder sahen überrascht auf Frank.

»Wisst ihr«, sagte er, »im Sport ist es oft so: Da denke ich, ich habe verloren. Keine Chance mehr. Und immer, wenn ich das denke, rufen die Trainer: Super,
25 Frank, jetzt schaffst du es! Dann gebe ich doch nicht auf. Und oft habe ich dann auch gewonnen!«

»Nur zu dumm, dass wir keine Trainer haben«, sagte Miriam trocken.

»Also«, begann Ben wieder, »ich kann euch nur sagen, wie es im Computerspiel ist. Dort müssen die Kinder zusammenhalten, sich helfen und in der Stadt überleben. Dadurch kommen sie immer wieder auf eine höhere Ebene.« 5

»Du meinst, wir müssen jetzt alle Abenteuer im Spiel bestehen. Und dann kommen die Erwachsenen wieder?«, fragte Jennifer.

»Richtig!«, sagte Ben. »Und irgendwann gewinnt man das Spiel und die Stadt ist wieder wie vorher. 10 So steht es in der Spielbeschreibung.«

»Aber niemand weiß, wie das geht?«

»Richtig. So weit bin ich ja noch nie gekommen.«

»Na, super!«

»Also«, sagte Miriam, »wir müssen überleben. Wir 15 müssen Lebensmittel einsammeln und die Tiere *versorgen*. Ich finde, wir teilen uns die Aufgaben auf und dann gewinnen wir dieses verdammte Spiel!«

Die anderen stimmten zu.

»Wo wollen wir uns wieder treffen?« 20

Alle dachten nach.

»In der Schule!«

»Super«, sagte Ben.

»Ich habe den Schlüssel zum Schulbüro«, sagte Thomas. »Wisst ihr, eine Putzfrau hatte mal ihre 25 Schlüssel im Klassenzimmer vergessen. Und so viele schöne Schlüssel kann man doch nicht einfach herumliegen lassen.«

»Heißt das, du hast alle Schlüssel der Schule?«

| *versorgen*, zu essen und trinken geben

31

»So ist es«, antwortete Thomas stolz.

Ben und Frank wollten noch schnell Bens Computer
holen und in das Schulbüro bringen. Alles hatte ja mit
dem Spiel begonnen. Vielleicht könnten sie mit dem
5   Computer irgendwie die Erwachsenen zurückbringen.

Kapitel 11

Auf dem Weg zu Bens Wohnung hörten Frank und Ben
ein lautes Krachen.
    »Das waren Glasscherben«, sagte Frank.
    Ben lief schneller und sah eine *Kneipe*, die keine
10   Fensterscheiben mehr hatte. Drinnen war Lärm.
    Vor der Kneipe parkten fünf neue Mercedes. Auf den
Dächern der Wagen saßen Jungen. Sie lachten und
tranken Bier. Ab und zu warfen sie die halb leeren
Flaschen durch die Fenster der Kneipe.
15   Das war Koljas Bande auf Vergnügungstour.

    »Dreimal hat mich der Idiot aus seiner Kneipe
geschmissen, weil ich noch zu klein bin«, schrie Kolja.
Er sprang von einem der Autos herunter. »Jetzt kann er
sehen, wie klein ich bin!«
20   Er ging mit einem brennenden Lappen in der Hand
in die Kneipe hinein.
    »Lass das, du Vollidiot!«, schrie Ben.
    »Der will doch nicht die Kneipe *anstecken?*« Frank
raste auf Kolja zu. Sofort sprangen einige Jungen von

---

die Kneipe, Bierlokal
anstecken, in Brand setzen

ihren Autos und hielten ihn fest. Ben lief los, um seinem Freund zu helfen.

Aber es war zu spät. Die Jungen hielten Ben und Frank fest. Sie schlugen auf sie ein, bis sie blutend auf der Straße lagen. 5

»Sieh mal an«, rief Kolja, während er aus der Kneipe rannte, »die Hilfspolizisten sind auch wieder da.« Er setzte sich in einen weißen Mercedes und gab das Kommando zum Aufbruch.

Kolja und seine Bande fuhren davon. 10

Das Ganze dauerte nur zwei, drei Minuten.

Ben und Frank kamen langsam wieder auf die Beine. Sie sahen, wie die ersten Flammen aus der Kneipe schlugen.

»Wir müssen Hilfe holen«, stöhnte Ben. 15

»Woher denn?«, wollte Frank wissen.

»Erst mal müssen wir hier weg!« Ben und Frank *humpelten* auf die andere Straßenseite.

»Wenn man nur wüsste, wo Martin und Norbert jetzt sind.« 20

»Wieso?«

»Die sind doch bei der freiwilligen Feuerwehr!«

»Wir wissen nicht, wo die sind. Aber wir können ihnen zeigen, wo wir sind!«, antwortete Ben aufgeregt.

»Wie willst du denn das machen?« 25

»Einige werden von selbst kommen«, meinte Ben. »Sieh dir doch den Rauch an. Den sieht man doch in der ganzen Stadt! Aber die anderen?«

»Ich weiß wie!«, rief Frank. Er lief an den parkenden

---

humpeln, aufgrund einer Verletzung nicht richtig gehen können

Autos vorbei, suchte nach kleinen *Aufklebern* an den Autoscheiben.

Plötzlich sprang er auf ein Auto. Sofort fing ein *Hupen* an.

5 Nach wenigen Minuten hatte Frank bei zehn oder elf Wagen den Alarm ausgelöst. Ein Hupkonzert *dröhnte* durch die Straße.

Aus der Kneipe schlugen immer größere Flammen. Aber der Plan funktionierte. Von allen Seiten kamen 10 Kinder herbeigelaufen.

»Was ist denn hier los?«, riefen einige von ihnen.

»Es brennt!«

Alle Kinder schrien durcheinander.

»Kennt ihr die Jungen von der freiwilligen Feuer-
15 wehr?«, fragte Ben.

»Ja, Norbert habe ich vorhin gesehen«, sagte einer. »Er wollte zur Feuerwache, um endlich mal die großen *Laster* auszuprobieren.«

»Er muss sofort herkommen.«

20 »Klar, wir holen ihn!«

Kapitel 12

Norbert war mit drei Freunden im Feuerwehrhaus. Dass sie so schnell zu ihrem ersten *Einsatz* gerufen wurden, hatten sie sich nie träumen lassen.

---

der *Aufkleber*, Zeichen, das an etwas fest sitzt
das *Hupen*, lautes Signal von einem Auto
dröhnen, lärmen
der *Laster*, großer Wagen für eine schwere Ladung
der *Einsatz*, Aufgabe

Die vier Jungen sprangen in ihre Feuerwehrkleidung und fuhren mit dem großen knallroten Feuerwehrwagen los.

Jetzt brannte auch schon der Laden neben der Kneipe.

Norbert und seine drei Freunde standen in der Mitte 5 der Straße und gaben kurze Kommandos.

Die Kinder waren viel zu aufgeregt, um Fragen zu stellen. Sie machten das, was die vier Jungen von der freiwilligen Feuerwehr sagten: *Schlauch* halten.

»Jetzt!«, brüllte Norbert und ließ seine Hand nach 10 unten sausen.

Martin drehte am *Hydranten* das Wasser auf.

der
Hydrant

der Schlauch

Sofort wurde der schlappe, flache Schlauch zu einer dicken runden Schlange. Die Kinder umschlangen sie mit ihren Armen. 15

»Festhalten!«, schrie Norbert. »Nicht loslassen!«

Alle umklammerten die Schlange, so fest sie konnten. Ein rauschender Wasserfall fiel in einem weiten Bogen auf die brennenden Häuser nieder. 20

Zwei Stunden dauerte der Kampf mit den Flammen. Dann hatten die Kinder gesiegt. Das Feuer war *gelöscht*!

Die Kneipe war zwar vollkommen niedergebrannt

löschen, mit Wasser ausmachen

und auch der Laden daneben war nicht zu retten
gewesen. Aber alle anderen Häuser und Läden waren
in Ordnung.

Alle waren nass bis auf die Knochen, dreckig, aber
5 glücklich und stolz. Sie hatten es geschafft, und zwar
allein, ohne Erwachsene.

»Wisst ihr was?«, sagte Frank. »Jetzt gehen wir alle
ins Schwimmbad und danach in unser Hauptquartier.«

Das war die Idee des Tages!

36

Auf dem Weg zum Schwimmbad erzählten Ben und Frank den anderen von dem Hauptquartier.

Dann schauten sie sich zufrieden an. Der Tag war ein Erfolg gewesen. Sie hatten nicht nur das Feuer gelöscht. Ihre Gruppe war auch durch ihre gemeinsame Aktion gewachsen. Von vierzehn Kindern waren sie über sechzig Kinder geworden.

Wenn das der Bademeister sehen könnte! Der hätte sich geärgert.

Die vielen Kinder jubelten vor Begeisterung. Weil sie kein Badezeug dabei hatten, waren alle mit ihrer ganzen Kleidung ins Wasser gesprungen. Einfach nackt zu baden, das mochten weder die Jungen noch die Mädchen.

»Ach«, Ben sah auf seine Armbanduhr, »wir haben das Hauptquartier vergessen!«

»Stimmt«, rief Frank und stieg aus dem Wasser. »Wir wollten ja eigentlich nur deinen Computer holen.«

»Alle ins Hauptquartier!«, schrie Frank so laut durch die Halle, dass es jeder hören konnte.

»Aber wir können doch nicht so zur Schule laufen«, sagte Norbert. Er stand da in nassen Socken, nasser Jeans und nassem Pullover. Auch an den anderen Kindern tropfte das Wasser herunter.

»Hier um die Ecke ist doch ein Kaufhaus«, sagte einer.

»Da gibt es bestimmt genug trockene Sachen!«, sagte ein anderer.

Im Kaufhaus wusste jeder genau, was er haben wollte. Sie konnten so richtig zugreifen und sich die Kleidung

ihrer Träume anziehen. Keine Eltern standen hinter
ihnen und *mischten sich ein*!

Kapitel 13

Jennifer stand schon aufgeregt am Schultor.
»Was war denn los? Wir warten seit Stunden. Und
5 wo kommen denn die ganzen Leute her?«
»Langsam, langsam. Wir erzählen euch schon alles.«
Ben versuchte, Jennifer zu beruhigen.
»Warum habt ihr nicht angerufen?«
Ben und Frank erzählten die ganze Geschichte.
10 Auch dass niemand von ihnen daran gedacht hatte,
sich die Telefonnummer des Schulbüros zu notieren.
Sie hatten auch kein Alarmsystem, mit dem man Hilfe
holen konnte.
»Ich habe eine Idee!«, sagte Norbert. »Bei der Feu-
15 erwehr haben wir *Funkgeräte*. Eines kann hier im
Hauptquartier bleiben. Und wenn eine Gruppe los-
zieht, dann bekommt sie ein Gerät mit.«

»Ich habe einen Riesenhunger!«, meldete sich nun
Frank. »Können wir das nicht später organisieren?«
20 »Da gibt es nur ein kleines Problem. Wir wussten
nicht, dass ihr mit so vielen Leuten hier ankommt«,
sagte Miriam. »Wir haben schon *Nudeln* mit Tomatensoße gemacht, aber jetzt müssen wir viel mehr kochen.«
»Wie viele Nudeln müssen wir noch nehmen?«, rief
25 ein Junge am *Herd*.

sich einmischen, dazwischenreden
das Funkgerät, Apparat zum Senden und Empfangen von Mitteilungen
die Nudel, Pasta

der Topf

der Herd

»Schmeiß doch alles hinein. Das werden wir schon aufessen«, rief Frank zurück.

Die Kinder am *Herd* nahmen die größten *Töpfe*, die sie in der Schulküche finden konnten. Sie füllten sie mit Wasser und *schütteten* die restlichen Nudelpackungen 5 hinein. Alle Dosen mit Tomatensoße wurden aufgemacht und aufgewärmt.

Vier riesige Töpfe standen nun auf dem Herd. Sie

schütten, einfüllen

39

waren bis zum Rand gefüllt. Nach fünf Minuten kochten die ersten beiden Töpfe über. Das Wasser spritzte heraus, lief über den Herd auf den Fußboden, wo Jungen und Mädchen zwischen den leeren Dosen hin- und hersprangen.

»Hilfe!«, rief ein Junge. »Verdammt, das ist heiß!«

»Pass auf! Jetzt kommt auch die Tomatensoße!« Ein Mädchen machte, dass sie wegkam.

»Mensch, stellt den Herd aus!«, brüllte Martin und stürzte auf den Herd zu. Er drehte alles auf null. Aber die Tomatensoße spritzte direkt auf sein Auge. Er schrie auf und hielt sich die Hände vor die Augen. Dabei trat er auf eine Dose und rutschte aus. Ein Topf mit Nudeln fiel auf den Fußboden.

»Ich schlage vor, wir machen die Töpfe nur halb voll und kochen auf kleiner Flamme. Das heißt, wir müssen zweimal kochen«, sagte Jennifer, »aber zuerst räumen wir den Dreck weg!«

»Jawohl, Frau Präsidentin!«, rief Frank.

»Was ist mit den Nudeln auf dem Fußboden?«, fragte Miriam.

»Zurück in den Topf!«, sagte Jennifer. »Das machen die im Restaurant auch immer. Da sieht es bloß keiner.«

Kapitel 14

Ben war als Erster wach. Die Kinder um ihn herum schliefen noch.

Niemand hatte am Abend zuvor Lust gehabt, nach Hause zu gehen und dort allein zu schlafen. Es war viel schöner, gemeinsam in der Schule zu übernachten.

Also waren sie kurz zu Hause gewesen, um sich ihre Schlafsäcke zu holen.

Ben konnte nicht mehr schlafen.

Es gab so viel, was gemacht werden musste. Sie mussten die nächsten Aufgaben verteilen. Was war zu tun? 5

»Ey, Ben, bist du schon wach?«, *flüsterte* Jennifer, die zwei Plätze weiter lag. »Was meinst du? Wie geht es heute weiter?« Sie setzte sich auf.

»Ich weiß nicht«, antwortete Ben. »Ich glaube, dass wir uns einige Zeit lang selbst versorgen können. Also 10 mit Essen und Trinken und so. Aber wie es dann weitergehen soll, weiß ich auch nicht. Vielleicht kommen wir in die letzte Ebene des Computerspiels. Aber da kenne ich die Spielregeln nicht.«

»Weißt du, Ben«, flüsterte Jennifer wieder. »Ich 15 wollte dir noch sagen, dass du und Frank das wirklich toll gemacht habt, gestern mit dem Feuer und mit Kolja. Und dass ihr alle Kinder hergebracht habt und so.«

»Du warst auch toll«, sagte Ben. »Also wie du gestern Abend das ganze Chaos beim Kochen *in den Griff* 20 *bekommen* hast. Das war schon super.«

Eine Stunde später saßen alle in der Pausenhalle und frühstückten. Miriam und Jennifer hatten alles besorgt, nur die Butter vergessen. Aber das fand niemand schlimm. Die Nuss-Nougat-Creme schmeckte viel 25 besser.

»Was ist nun eigentlich im Zoo los?«, fragte Thomas.

»Noch ist alles in Ordnung«, antwortete Kathrin, »aber die Tiger laufen schon unruhig hin und her. Wir

---

flüstern, leise sprechen
in den Griff bekommen, mit einem Problem fertig werden

müssen sie füttern.«

»Womit denn?«

»Was ist mit Katzenfutter? Tiger sind doch so etwas wie Katzen.«

5 »Zuerst brauchen alle Tiere etwas zu trinken«, erklärte Kathrin. »Ich gehe also wieder in den Zoo. Wer von euch kommt mit?«

»Also, bevor jemand losgeht, holen wir schnell die Funkgeräte«, sagte Norbert.

10 Ben und Frank wollten Bens Computer holen.

Miriam und Jennifer wollten mit dem Krankenwagen losfahren und Katzenfutter besorgen.

Nach und nach übernahmen alle Kinder eine Aufgabe.

15 Thomas blieb im Schulbüro. Er sollte alle Informationen der Gruppen sammeln und sie an die anderen weitergeben.

Christopher begann, die Teller unter dem Wasserhahn abzuspülen. Er drehte und drehte den Hahn auf und zu.

20 Es kam kein Wasser.

Das gibt es doch nicht, dachte er. Er sah den Wasserhahn an. Ihm fiel nichts anderes ein, als ihn noch einmal aufzudrehen.

Torben suchte den Hauptwasserhahn und drehte 25 daran.

»Der Haupthahn ist auf«, sagte er.

»Ohne Wasser, kein Abwasch«, sagte Christopher. »Ich gehe zu Thomas und melde, dass wir kein Wasser haben.«

Thomas notierte es.

»Gruppe vier ruft Hauptquartier«, lautete es plötzlich aus dem Funkgerät auf dem Schreibtisch. Thomas drückte die Sprechtaste.

»Hier Hauptquartier. Gruppe vier, bitte melden.«   5
Gruppe vier waren sechs Kinder, die die Haustiere versorgen wollten.

»Hier Gruppe vier«, sprach Astrid aus dem Funkgerät. »Alle melden, dass bei ihnen zu Hause kein Wasser mehr kommt.«   10

»Komisch«, antwortete Thomas. »Bei uns im Hauptquartier gibt es auch kein Wasser.« Er dachte einen Augenblick nach.

»Vielleicht ist es keine schlechte Idee alle Wasserhähne zu prüfen?«   15

»Gut«, sagte Astrid. »Wir gehen in alle Läden und testen, ob da das Wasser läuft.«

Jetzt drückte Thomas eine andere Taste.

»Hier Hauptquartier, hier Hauptquartier. An alle Gruppen, an alle Gruppen!«, begann er. Die einzelnen   20 Gruppen meldeten sich.

»In der Schule und in einigen Häusern gibt es kein Wasser. Bitte überprüft alle Wasserleitungen. Ich wiederhole: Bitte überprüft alle Wasserleitungen!«

Eine halbe Stunde später kamen aufgeregte Meldungen   25 ins Hauptquartier.

»Es läuft nichts!«

»Nirgends läuft Wasser!«

»Der Brunnen am Marktplatz steht auch still!«

»Hallo, Thomas. Hier Norbert. Wir haben an einem   30 Hydranten gehalten. Der gibt auch kein Wasser. Weißt

43

du, was das bedeutet?«

Thomas wusste es nicht.

Norbert erklärte: »Wenn aus einem Hydranten kein Wasser mehr kommt, dann gibt es kein Wasser. In der ganzen Gegend nicht. Dann ist das Wasser im Wasserwerk gestoppt worden.«

Kapitel 15

Thomas sprang von seinem Schreibtisch auf. Was sollte er tun? Die Information an alle Gruppen weitergeben und damit eine wilde Panik auslösen? Ohne Wasser konnte niemand auskommen!

Thomas funkte Ben an und informierte ihn. Der stellte das Funkgerät aus und informierte Frank.

Frank schaute Ben an, ohne etwas zu sagen.

Ben stellte das Funkgerät wieder ein. Er rief: »Thomas, gib eine Meldung an alle Gruppen durch: Wir treffen uns alle in einer Stunde in der Aula.

Hoffentlich, dachte Thomas, haben Ben und Frank wirklich eine gute Idee. Denn ohne Wasser sind wir am Ende!

In der Aula machten sich alle Sorgen.

»Ich sage euch, wir haben ein echtes Problem«, fing Thomas an.

»Das haben wir!«, rief Ben, der gerade mit Frank in die Aula kam.

»Na, endlich! Wo bleibt ihr denn?«, rief Jennifer. »Habt ihr neue Informationen?«

»Ja, aber keine guten!«, antwortete Frank. »Wir kommen zu spät, weil wir beim Wasserwerk waren.

Und ratet mal, wen wir dort gesehen haben?«

»Kolja!«

»Genau!«, sagte Ben. »Kolja sitzt mit seiner Bande im Wasserwerk. Er hat das Wasser abgedreht.«

»Habt ihr Kolja getroffen?«, fragte Miriam.

»Wir wollten hineingehen, aber sie bewachen das Eingangstor.«

»Wozu?«

»Ganz einfach«, erklärte Ben. »Kolja will über die Stadt herrschen. Er kam ans Tor. Wir sollen ihn als Chef der Stadt anerkennen. Sonst können wir von ihm aus *verdursten*.«

»Niemals!«

Alle brüllten durcheinander.

»Seid doch mal ruhig«, schrie Jennifer. »Lasst uns doch mal nachdenken, was wir jetzt tun.«

»Wie viele gehören überhaupt zu Kolja?«, fragte Thomas.

»Das wissen wir nicht. Aber bestimmt sind es vierzig oder fünfzig Kinder.«

»Wie viele Kinder gibt es denn überhaupt noch in der Stadt?«, fragte Norbert.

»Also, auf dem Schulhof waren es bestimmt zweihundert«, sagte Ben.

»So viele waren es auch im Einkaufszentrum«, sagte Miriam, »wenn nicht mehr.«

»Wir sind etwa achtzig«, sagte Jennifer. »Kolja und seine Bande sind fünfzig. Irgendwo in der Stadt müssen noch viele Kinder herumlaufen. Was machen die eigentlich?«

verdursten, sterben, weil man kein Wasser bekommt

»Ich finde, wir sollten alle Kinder informieren, dass es hier ein Hauptquartier gibt. Und wir sollten sie zu uns holen, bevor sie auch noch zu Kolja laufen.«

»Ja«, sagte Martin, »wir haben doch die Feuer-
5 wehrwagen und den Krankenwagen. Damit können wir herumfahren und alle durch die Lautsprecher informieren.«

»Das löst nicht unser Problem mit Kolja«, sagte Jennifer. »Wir können das Wasserwerk nicht stürmen.
10 Koljas Bande ist zu groß.«

»Wir könnten sie *austricksen*«, schlug Ben vor. »Sag mal, wer gehört eigentlich dazu?«

»Ich wette, Siggi ist dabei«, sagte Miriam. »Er ist zwar fast fünfzehn, hat aber ein *Hirn* wie ein Neun-
15 jähriger.«

»Mensch, Miriam!«, rief Ben. »Sag mir genau, wie alt Siggi ist!«

Miriam sah ihn verständnislos an. »Siggi ist vierzehn und wird übermorgen fünfzehn Jahre alt, wenn du es
20 genau wissen willst.«

»Weißt du das ganz sicher?«

»Ja, denn er hat mich zu seiner Geburtstagsparty eingeladen.«

»Das ist es!«, rief Ben begeistert. »Das ist es!«

25 Frank und Jennifer sahen sich an. Was war mit Ben los?

»Das ist es doch«, setzte Ben fort. »Kolja weiß nur, dass die Erwachsenen plötzlich weg sind. Wir wissen mehr als er.«

»Was denn?«

---

austricksen, mit einem Trick über einen Gegner gewinnen
das Hirn, Verstand

46

»Ich habe doch erzählt«, antwortete Ben, »dass alles irgendwie mit meinem Computerspiel zusammenhängt. Nur wie das geht, das wissen wir nicht. Aber alles stimmt: Die Erwachsenen sind weg, die kleinen Kinder und die Babys sind verschwunden. Die Tiere sind aber noch da. Alles genau wie im Computerspiel DIE STADT DER KINDER!«

»Selbst wenn das so ist«, fragt Jennifer. »Was haben wir davon?«

Ben erklärte: »Wir kennen die Regeln, Kolja nicht. Er weiß nicht, dass alles mit dem Spiel zusammenhängt.«

Alle achtzig Kinder sahen ihn fragend an.

»Was sagen denn die Regeln?«, fragte Jennifer.

»Denk doch mal nach!«, rief Ben. »Eine Regel sagt: Es gibt keine Erwachsenen über fünfzehn Jahre in der Stadt.«

Ben machte eine Pause.

Das heißt, Siggi wird morgen um Mitternacht verschwinden! Kolja weiß das nicht, aber wir wissen das!«

»Und das heißt?«, fragte Miriam vorsichtig.

»Das heißt«, begann Ben wieder, »wir werden Siggi verschwinden lassen. Wir werden es jedenfalls Kolja gegenüber so sagen. Wir fordern von Kolja, dass er das Wasserwerk verlässt. Macht er es nicht, so drohen wir ihm. Nämlich damit, dass einer nach dem anderen aus seiner Bande verschwindet.«

»Und dann verschwindet Siggi, und Kolja wird denken, dass wir das waren!«, rief Miriam.

In der Aula jubelten die Kinder. Welch ein genialer Plan! Damit würden sie Kolja schlagen.

»Hoch lebe Ben!«

»Kolja, wir kommen!«

Kapitel 16

Am nächsten Morgen fingen sie an, alle anderen Kinder in der Stadt zu informieren.

Miriam und Norbert fuhren mit dem Krankenwagen im südlichen Teil der Stadt. Martin und Christopher übernahmen mit dem Feuerwehrwagen den nördlichen Teil.

»Hi, Leute! Alle mal herhören! Hier sprechen Miriam und Norbert. Unser Treffpunkt ist die Schule. Dort kochen wir gemeinsam und schlafen dort auch. Es gibt dort alle Neuigkeiten aus der Stadt. Das Neueste: Es gibt kein Wasser. Der Grund: Kolja hat das Wasserwerk besetzt. Kommt alle in die Schule!«

Als Norbert den Text durch das Mikrofon vorlas, kamen einige Kinder um die Straßenecke und horchten aufmerksam. Was war das mit dem Wasser? Wer traf sich in der Schule? Egal, wenn dort andere Schüler waren und man etwas Neues hörte! Die Kinder blickten sich kurz an, dann rannten sie los in Richtung Schule.

Norbert und Miriam lächelten zufrieden.

Ben, Frank und Jennifer waren am Wasserwerk angekommen. Das große Tor am Eingang war mit einem Fahrradschloss verschlossen. Dahinter in dem Pförtnerhaus saß Siggi.

Er sprang auf, griff nach dem Telefon, sprach aufgeregt ein paar Sätze und setzte sich wieder. Er *grinste* nach draußen zu Ben, Jennifer und Frank.

Fünf Minuten später kamen sie. Sechs Jungen mit

---

grinsen, böse lächeln

48

einem Baseballschläger über der Schulter, in der Mitte Kolja.

»Ich wusste gar nicht, dass du so viel Angst hast, Kolja«, sagte Frank. Er blickte auf die Jungen mit den Baseballschlägern.

Kolja stürmte auf das Tor zu.

»Noch so ein dummer Spruch und du kannst was erleben. Hast du vergessen, was vor der Kneipe passierte?«

»Ach, du meinst, als Ben und ich gegen zehn deiner Leute kämpften? Als du weggelaufen bist?«

Kolja kam wütend noch einen Schritt näher.

Wie kann man nur so blöd sein und Kolja jetzt so provozieren, dachte Jennifer. Sie waren doch nicht hier, um eine Schlägerei anzufangen.

»Eigentlich möchten wir nur wissen, was du willst«, sagte sie schnell.

»Was ich will?« Kolja lachte. »Ist doch klar! Ich bin Chef dieser Stadt. Alle gehören unter mein Kommando. Solange ihr das nicht anerkennt, gibt es kein Wasser!«

»Wir werden wieder Wasser bekommen«, sagte Ben. »Und zwar von dir!«

»Wie wollt ihr das denn machen, wenn ich fragen darf?« Kolja sah Ben von oben bis unten an.

»Ganz einfach«, antwortete Ben. »Die Lage ist anders, als du denkst! Wir haben dich in der Hand.«

»Ihr habt mich in der Hand?«, Kolja blickte sich verwirrt um.

»Wir wissen«, sagte Ben ruhig, »warum die Erwachsenen verschwunden sind. Wir wissen es so genau, dass wir es selbst tun können. Wir können bestimmte Leute zu bestimmten Zeiten verschwinden lassen!«

»Ihr spinnt doch!«, brüllte Kolja. »Was hat das überhaupt mit dem Wasser zu tun?«

»Wir verlangen von dir«, sagte Ben, »dass das Wasser in der Stadt wieder läuft. Wenn nicht, werden wir deine Bande verschwinden lassen, einen nach dem anderen.«

»Das glaube ich nicht, dass ihr Leute verschwinden lassen könnt!«

»Dann lass es doch!«, antwortete Jennifer.

»Ja«, sagte Ben, »du wirst es ja sehen.«

Er blickte zum Pförtnerhaus und machte eine Pause. »Sagen wir mal, wir beginnen mit dem im Pförtnerhaus. Das ist doch Siggi, oder? Also, wenn wir bis Mitternacht kein Wasser haben, lassen wir Siggi verschwinden.«

»Stopp!«, brüllte Kolja. »Schnappt sie!«, rief er zu seinen *Leibwächtern*. Sofort rannten die Leibwächter los und sprangen am Torgitter hoch.

»Nichts wie weg!« Bevor die Verfolger sie einholen konnten, waren Frank, Ben und Jennifer verschwunden.

Kapitel 17

In der Schule trafen sie auf eine große Anzahl von Kindern. Sie hatten die Durchsagen am Lautsprecher gehört und wollten wissen, was eigentlich los war.

In der Pausenhalle waren andere Kinder dabei, das Abendessen zu machen. Nudeln konnten sie an diesem Abend nicht kochen, weil das Wasser fehlte. Aber zum

---

| *der Leibwächter*, Bodyguard

Glück hatte Martin während der Tour daran gedacht und zweihundert Dosen Ravioli mitgebracht.

Nach dem Essen wurde über die vielen Fragen spekuliert.

Hatte Ben Recht? Würde Siggi wirklich um Mitternacht verschwinden? Und würde Kolja dann das Wasser wieder anstellen?

»Vielleicht sollten wir jemand zum Wasserwerk schicken, der *beobachten* kann, was passiert?«, sagte Jennifer.

»Gute Idee!«, antwortete Miriam. »Jennifer, das können wir doch machen.«

Im Hauptquartier warteten Thomas und Ben am Funkgerät. Die erste Meldung von Jennifer und Miriam kam 23 Uhr 30.

»Siggi hält im Pförtnerhaus keine Wache, sondern sie haben ihn dort eingeschlossen«, meldete Miriam aufgeregt. »Bald werden wir wissen, ob du Recht hast, Ben«, sagte sie.

»Siggi wird um Mitternacht verschwinden!«, antwortete Ben.

»Und wenn nicht?«, fragte Jennifer.

»Keine Ahnung!«, sagte Ben.

Sieben Minuten nach zwölf kam die zweite Meldung: »Siggi ist noch da!«

»Das verstehe ich nicht«, murmelte Ben unglücklich.

Jennifer kam außer Atem in der Schule an.

»Sie haben Miriam *geschnappt*!«, rief sie. »Kolja und

---

beobachten, genau betrachten
schnappen, fangen

seine Bande haben sie im Pförtnerhaus eingesperrt. Und Siggi, Siggi steht jetzt mit den anderen auf dem Hof!«

Alle waren ganz still.

5 »Dein Plan hat nicht funktioniert, Ben«, sagte Frank. »Das Leben in der Stadt läuft nicht wie im Computerspiel.«

Ben konnte nichts sagen. Es musste eine logische Erklärung dafür geben, dass Siggi nicht verschwunden
10 war.

»Was machen wir jetzt?«, fragte Thomas. »Kolja bestimmt immer noch über das Wasser und jetzt hat er sogar Miriam.«

In dem Moment klingelte das Telefon.
15 Ben sprang auf und griff den Hörer.

»Miriam!«

Alle Kinder stürmten auf Ben zu. Sie wollten auch Miriams Stimme hören.

»Wo bist du? Was machst du?«
20 »Ich bin gefangen. Wie Siggi vorher. Er war sauer, weil Kolja ihn eingesperrt hatte. Deshalb ist er nicht mit den anderen zurück ins Haus gegangen.

Er ist draußen sitzen geblieben. Hier direkt vor dem Pförtnerhaus.«
25 »Und jetzt sieht er, wie du telefonierst?«

»Nein, nein! Deshalb rufe ich ja an«, antwortete Miriam. »Das ist es ja! Siggi ist verschwunden!«

»Wie verschwunden?«

»Er war plötzlich weg. Von einer Sekunde auf die
30 andere.«

»Siggi ist doch verschwunden!«, rief Ben aufgeregt. »Vielleicht ist Siggi erst ein paar Stunden nach Mitternacht geboren, deshalb die Verspätung. Computer arbeiten ja exakt.«

»Das Problem ist nur«, sagte Miriam, »dass es niemand mitbekommen hat.«

»Es beweist aber, dass meine Theorie stimmt!«, sagte Ben. »Alles passiert nach den Regeln des Computerspiels. Miriam, morgen holen wir dich da raus!«

Kapitel 18

Es muss eine Lösung geben, dachte Ben, bevor er einschlief. Alles ist wie im Computerspiel.

Das war auch sein erster Gedanke, als er aufwachte. Noch mit geschlossenen Augen spielte er das Spiel von vorn bis hinten durch.

Wie war das noch? Nach dem Blumentopf? Der Verkäufer im Laden ist der Zauberer. In der Glasvitrine liegt der Schlüssel. Davor ist die Falltür.

»Das ist es!«, rief Ben.

Frank und Jennifer, die neben Ben lagen, sprangen auf.

»Was ist?« Jennifer sah sich verwirrt um.

»Spinnst du?«, fragte Frank.

Ben erklärte ihnen leise seinen Plan.

»Und wie willst du Kolja in diese Falltür locken?«

»Wir sagen ihm, wir akzeptieren ihn als Chef der Stadt. Dafür muss er das Wasser aufdrehen und Miriam freigeben. Zur Verhandlung laden wir ihn in den Laden mit der Falltür ein.«

»Wo ist dieser Laden?«, fragte Jennifer.

»Das ist das Problem«, antwortete Ben. »Wir müssen

ihn suchen. Also, wir müssen nach einer Glasvitrine mit einem Schlüssel suchen.«

Eine halbe Stunde später waren die Kinder über Bens Idee informiert. Sie hatten sich in kleine Gruppen auf-
5 geteilt und waren losgezogen, um nach einem Laden zu suchen, in dem eine Glasvitrine stand. Mit einem Schlüssel darin.

Sechs Stunden später hatte Thomas noch keine Meldung von einer Glasvitrine mit einem Schlüssel
10 bekommen.

»Keine Spur!«, stöhnte Ben, als er wieder im Schul-büro ankam.

»Da steht doch so ein komischer Glaskasten im Lehrerzimmer«, sagte der kleine Max. Er hatte Thomas
15 bei dem Funkdienst geholfen.

»Das darf doch nicht wahr sein!« Ben sprang auf.

»Kommt schnell her«, hörten die anderen ihn aus dem Lehrerzimmer schreien, »aber vorsichtig!«

Alle rannten zum Lehrerzimmer.
20 »Vorsicht, keinen Schritt weiter!« Mit ausgestreck-tem Arm zeigte Ben auf eine große Glasvitrine. Drinnen lag auf rotem *Samt* ein goldfarbener Schlüssel.

»Max, du bist fantastisch!«

»Man sieht gar keine Falltür«, sagte Jennifer.
25 »Sie muss dort sein. Die Vitrine war doch auch früher nicht hier, oder?«, fragte Ben.

Ich denke, die soll in einem Laden sein?«, fragte Martin.

»Im Computerspiel ist es ein Geschäft«, antwortete
30 Ben. »Aber es ist leichter, Kolja zur Verhandlung hier-

| *der Samt*, feiner weicher Stoff

her zu bitten, in unser Hauptquartier.«

»Ben hat Recht«, sagte Christopher. »Und jetzt müssen wir nur noch Kolja anrufen.«

Kapitel 19

»Achtung! Kolja ist im Anmarsch«, meldete Martin. Er lag mit Funkgerät und *Fernglas* auf dem Dach des Schulgebäudes. »Er hat Miriam dabei und dreißig bis vierzig Leute. Wenn das nur gut geht!«

das Fernglas

Ben stand mit Frank, Jennifer, Norbert neben Thomas.

Kolja *stampfte* ins Lehrerzimer und blieb in der Mitte stehen, zwei Meter vor der Vitrine. Zehn seiner Jungen bauten sich an der Eingangstür hinter ihm auf. In ihrer Mitte hielten sie Miriam fest.

Jetzt steht Kolja genau auf der Falltür, dachte Ben. Was muss ich tun?

»Also?«, begann Kolja. »Was gibt es noch zu besprechen? Ich bin euer Chef und aus!«

»Was soll mit mir passieren?«, fragte Miriam.

Kolja ging einen Schritt auf sie zu. »Lasst sie frei!«, sagte er und ging wieder zurück.

---

stampfen, mit schweren Schritten gehen

Wieso öffnet sich keine Falltür, fragte sich Ben. Wo ist die verdammte Falltür?

»Wir brauchen Wasser! Sofort!«, sagte er.

Kolja gab seinen Leibwächtern ein Zeichen.

5 »Das dauert nur fünf Minuten«, sagte er, »und das Wasser wird aufgedreht. Und dann bin ich der Chef der Stadt! Keine Tricks!«

Der Zauberer!, dachte Ben. Im Computerspiel öffnet der Zauberer die Falltür. Langsam ging er um die Vitri-
10 ne herum. Dann stellte er sich auf den Platz, auf dem der Zauberer im Computer stand.

Es muss *klappen*! Ich muss es wagen!

Er legte seine Hand auf die Vitrine und schloss die Augen.

15 Ich will, dass sich jetzt die Falltür öffnet, dachte er. Ich befehle der Falltür, sich jetzt zu öffnen!

Ben hörte ein Piepsen. Der Fußboden vibrierte und dann kam ein lautes Geräusch.

»Er ist weg!«

20 »Er ist in den Fußboden gefallen!«

»Was war denn das?«

»Seht nur, das große Loch!«

Koljas Leibwächter schrien aufgeregt durcheinander.

Ben öffnete wieder die Augen. Kolja war spurlos ver-
25 schwunden. Bens Atem ging schwer. Sein Herz schlug wild.

»Bleibt stehen«, rief Frank den Leibwächtern zu. »Sonst passiert euch das Gleiche!«

---

klappen, gut gehen

Frank hatte keine Ahnung, was da eben alles passiert war, aber er wusste: Jetzt mussten sie den Überraschungsmoment ausnutzen und Koljas Bande besiegen.

»Das Wasser läuft wieder«, sagte ein Leibwächter, der von draußen gelaufen kam. »Wo ist denn Kolja?« 5

»Er ... er ... ist im Fußboden verschwunden«, sagte ein anderer aus Koljas Bande. »Beweg dich bloß nicht!«

»Was soll das heißen?«, fragte der Erste.

»Ich weiß nicht, wie sie das machen. Sieh doch auf den Fußboden!« 10

Auf dem Fußboden war ein großes, schwarzes Loch zu sehen. Ben dachte einen Augenblick nach.

»Frank!«, rief er. »Kümmere du dich um den Rest der Bande, bevor ich sie alle verschwinden lasse.«

Frank verstand Ben sofort. Ihm war klar, dass Ben 15 das Verschwinden nicht ohne weiteres wiederholen konnte. Das wussten die anderen aber nicht.

»Und unsere Leute treffen sich in der Pausenhalle!«, sagte Jennifer.

Alle verließen das Lehrerzimmer. Bis auf Ben. 20

Er starrte auf die große Öffnung im Fußboden.

Was war geschehen?

Er ging alle Möglichkeiten des Computerspiels noch einmal in Gedanken durch.

Es gab keine andere Lösung: Er war der Zauberer aus 25 dem Computerspiel! Er hatte die Rolle des Zauberers eingenommen. Wie im Spiel hatte er den Befehl des Zauberers ausgesprochen. Und darauf hatte die Falltür reagiert.

Ben war der Zauberer. 30

War?, dachte Ben. Oder bin ich es noch?

Kapitel 20

Ben saß vor der Glasvitrine und starrte den Schlüssel an.

»Was machst du noch hier?«, fragte Jennifer. Sie und Thomas standen an der Tür.

5 »Ich kann zaubern«, sagte Ben leise.

»Was kannst du?«, schrie Miriam, die mit Frank dazugekommen war.

Ben stand auf und ging um die Vitrine herum. Er legte wie vorher die Hand auf die Vitrine. Dann schloss er
10 die Augen und sagte: »Ich befehle der Falltür, sich zu schließen!«

Alle hörten ein Piepsen und merkten das Vibrieren des Fußbodens.

Die Falltür schloss sich. Es war nichts zu sehen.

15 »Ich befehle der Falltür sich zu öffnen!«, rief Ben.

Wenige Sekunden später war das Loch wieder da.

»Ist das nicht fantastisch?«, jubelte Thomas. »Wir haben jetzt einen Zauberer unter uns. Da wird doch alles viel einfacher!«

20 »Nein«, erklärte Ben, »denn ich kann nur *zerstören*. Den Kasten kann ich nicht öffnen.«

»Wie kommen wir dann an den Schlüssel?«, fragte Jennifer, »und wozu gebrauchen wir ihn?«

»Ich glaube«, sagte Ben, »dass man damit in die drit-
25 te Ebene kommt. Den Zauberer haben wir besiegt, weil ich seinen Platz eingenommen habe. Das war die zweite Ebene.«

Seine Stimme wurde ganz leise. »Aber diese Zauber-

| *zerstören*, kaputt machen

macht will ich gar nicht haben!«

Die Kinder sagten nichts.

»Vielleicht«, begann Miriam nach einer Pause, »vielleicht musst du es einfach laut und deutlich sagen. Dass du die Zaubermacht nicht haben willst.« 5

»Ja«, sagte Jennifer, »warum versuchst du es nicht einfach?«

Ben versuchte es.

Er sagte: »Nein, ich will nicht zaubern können!« Und dann machte er sofort eine Probe mit der Falltür. 10 Sie schloss sich.

»Ich kann immer noch zaubern«, jammerte er.

»Das nennst du Nein sagen?«, fragte Miriam. »Du musst schreien, du musst dich anstrengen!«

Ben nahm seine ganze Kraft zusammen und schrie so 15 laut, wie er konnte.

»Zauberer! Hau ab! Ich will nicht zaubern! Ich befehle dir zu verschwinden!«

»Das hast du wunderbar gemacht!«, sagte Miriam. »Und jetzt die Probe.« 20

Die Falltür reagierte nicht auf Bens Befehl. Sie blieb geschlossen.

Seine Zaubermacht war weg!

Dann hörten alle etwas. Das Glas der Vitrine sprang.

»War das wieder Zauberei?«, fragte Frank. 25

»Der Schlüssel!«, rief Ben. »Der Schlüssel liegt frei! Man muss also auf die Macht *verzichten*. Dadurch kommt man an den Schlüssel heran.«

---

verzichten, etwas nicht haben wollen

»Wozu passt denn der Schlüssel?«

Thomas war näher getreten. So einen Schlüssel hatte er noch nie gesehen. Der *Griff* hatte die gleiche Form wie ein Schlüssel. Konnte man ihn von beiden Seiten
5 benutzen?

»Ich weiß nicht, wo er passt«, sagte Ben. »Aber er führt uns in die nächste Ebene.«

»Wir müssen also wieder suchen«, sagte Thomas.

»Zuerst hier in der Schule«, schlug Frank vor.

Kapitel 21

10 »Kommt mal her!«, rief Thomas wenig später. »Ins Büro des Direktors!«

Als die anderen ankamen, stand Thomas hinter dem Schreibtisch und zeigte auf die Tischplatte.

»Hier ist ein Loch!«
15 »Das ist aber ein merkwürdiges Schlüsselloch!«

Ben versuchte, den Schlüssel in das Loch zu stecken. Er passte nicht.

»Dreh ihn um!«, sagte Thomas.

Ben steckte ihn mit dem Griff zuerst in das Loch.
20 Er passte!

Alle hielten den Atem an.

Während Ben drehte, öffnete sich einer der großen Schränke an der Wand.

»Eine Geheimtür!«, rief Frank. Er machte die Tür
25 langsam auf und ging hindurch. Die anderen folgten ihm.

---

der Griff, Teil, den man in die Hand nimmt

Sie standen in einem dunklen Büro mit einem riesengroßen Schreibtisch. In der Mitte des Raumes war ein Glastisch mit Leder*sesseln*.

»Das ist doch das Zimmer des Bürgermeisters!«, rief Jennifer.

Die anderen schüttelten erstaunt die Köpfe.

»Das Rathaus ist doch mindestens fünf Kilometer von hier entfernt!«, meinte Miriam.

»Trotzdem«, sagte Jennifer. »Ich habe mal mit meinen Eltern eine Rathausbesichtigung gemacht.«

»Auf jeden Fall sind wir in der dritten Ebene!«, sagte Ben.

Sie durchsuchten das Zimmer des Bürgermeisters. Es musste ja einen Grund geben, warum das Spiel sie hierher geführt hatte.

»Du lieber Himmel!«, rief Thomas. Er hatte eben den Briefbeschwerer aus Kristall vom Schreibtisch genommen, als eine Schranktür aufsprang.

»Das ist ja ... «, stammelte Miriam.

»Ein goldener Computer!« unterbrach sie Ben.

Die fünf Kinder betrachteten den goldstrahlenden Computer.

»Jetzt sind wir bis hierhin gekommen. Jetzt will ich auch wissen, was das für ein Teil ist«, sagte Frank.

Vorsichtig näherte Ben sich den Computer und drückte auf den Power-Knopf.

Der Bildschirm begann zu flackern. Kein Summen, kein Piepsen, nichts. Das hatte Ben noch nie erlebt.

Dann plötzlich stand in goldenen Buchstaben:

der Sessel, behaglicher Armlehnstuhl

61

»Das ist die vierte Ebene!«, rief Ben. »Wir sind mittendrin.«

5 »Und was heißt das?«, fragte Miriam. »Was müssen wir jetzt tun?«

»Wenn ich das nur wüsste!«, stöhnte Ben. »Ich kenne niemanden, der schon einmal in dieser Ebene war.«

»Was meinst du damit: Wir sind mittendrin?«, fragte Frank.

10 »Ich verstehe das auch nicht«, sagte Jennifer.

»Wir haben das ganze Computerspiel durchgemacht«, erklärte Ben. »Zuerst waren die Erwachsenen verschwunden und wir mussten alles organisieren. Das war

15 die erste Ebene.«

»Die zweite Ebene war, als du den Platz des Zauberers hattest«, setzte Frank fort.

»Ja, und als ich auf die Macht des Zauberers verzichtet habe, bekamen wir den Schlüssel. Der führte uns in

20 die dritte Ebene «, sagte Ben.

Ins Büro des Bürgermeisters?«, fragte Jennifer, »fünf Kilometer von der Schule entfernt?«

»Ja, dadurch bin ich überhaupt erst darauf gekommen. Also, dass wir direkt im Spiel sind«, erklärte Ben

25 weiter. »In einem Computerspiel springt die Ebene von einem Geschehen ins nächste. Es kommt einfach immer ein neues Bild.«

»Genau wie mit uns.« Jennifer versuchte es zu verstehen. »Wir sind von einem Bild ins nächste gesprun-

30 gen, von der Schule ins Rathaus.«

»Das ist für mich der Beweis: Wir sind das Spiel!«, sagte Ben. »Also, wir spielen das Spiel: DIE STADT

DER KINDER. Wir spielen es nicht am Computer, sondern wir sind selbst mittendrin im Spiel.«

Das verstehe ich nicht«, sagte Miriam, »fang noch mal mit der dritten Ebene an.«

»In der dritten Ebene war es unsere Aufgabe, den goldenen Computer zu finden und zu starten«, erklärte Ben. »Die vierte Ebene führt uns in die Erwachsenenwelt. Also, nicht die Erwachsenen sind verschwunden, sondern wir! Wir müssen aus dem Spiel in die Wirklichkeit zurück!«

Kapitel 22

»Wie soll das jetzt weitergehen?«, fragte Frank. Er konnte Ben noch nicht richtig folgen.

»Die eine Möglichkeit ist«, antwortete Ben, »dass wir das Spiel zu Ende spielen. Die Frage ist nur, ob es uns gelingt. Wenn, dann setzt sich das Spiel wie jedes andere Computerspiel auf den Anfang zurück. Und der Anfang ist: Wir sind wieder in unserer alten Welt mit den Erwachsenen.«

»Und was, wenn es uns nicht gelingt? Müssen wir dann in der STADT DER KINDER bleiben?«, fragte Miriam.

»Das geht aber auch nicht,« sagte Ben. »Mit fünfzehn sind wir weg. Denk an Siggi. In Computerspiel bleiben die Kinder immer nur so lange, bis sie fünfzehn sind. Wir werden immer weniger, auch wenn es ein paar Jahre dauert.«

»Wir sitzen also in der Falle!«, sagte Jennifer. »Wie ist die zweite Möglichkeit?«

»Na, ja«, begann Ben langsam. »Computerprogramme werden von Menschen gemacht und können auch durch Menschen geändert werden.«

»Du meinst, wir können das Programm des goldenen
5 Computers ändern?«

»Wenn wir dem Computer beibringen, dass wir alle schon über fünfzehn sind,« sagte Ben. »Dann müssen wir nicht in der STADT DER KINDER bleiben. Dann landen wir in der Wirklichkeit. Dort, wo die Erwachse-
10 nen sind, also dort, wo wir wieder hin wollen.«

Ben setzte sich vor den goldenen Computer und drück-te einige Tasten. Der Bildschirm flackerte. Dann zeigte er das Bild der Stadt wie im Spiel DIE STADT DER KINDER, nur in Gold.

15 Ben drückte auf weitere Tasten.

»Verdammt!«, rief er. »Ich komme nicht weiter. Ich weiß nicht, wie ich in das Programm kommen soll.«

»Schade, dass es nicht wie im Spiel DIE STADT DER KINDER aufgebaut ist. Da kommt man ganz
20 leicht ins Programm«, sagte Frank.

Ben sah Frank mit großen Augen an.

»Ob das geht?«

»Ob was geht?«, fragte Frank zurück.

»Das, was du gesagt hast. Den Aufbau in diesem
25 Spiel zu übernehmen?«

Frank verstand noch immer nichts.

Ben erklärte: »Wir kopieren DIE STADT DER KIN-DER in die Stadt der Erwachsenen hinein.«

»Und wenn es zum Chaos führt?«

30 »Trotzdem, wir müssen es versuchen! Ich stoppe das Spiel hier und hole die CD.«

Eine halbe Stunde später war Ben zurück mit der CD und einigen Steckdosen und Kabeln.

»Jetzt lade ich erst mal das Spiel DIE STADT DER KINDER«, erklärte Ben. »Dann programmiere ich es um. Ich sage dem Spiel, dass es überhaupt keine Kinder 5 gibt in der Stadt der Kinder. Ich sage dem Spiel, dass alle über fünfzehn sind. Danach lade ich das Erwachsenenspiel.«

Ben legte die CD-ROM ins Fach.

Hinter ihm saßen Frank und Thomas und sahen ihm 10 unruhig zu. Miriam biss sich auf die Unterlippe, Jennifer strich sich nervös über das Haar.

Dann flackerte der Bildschirm. Ein kurzes Piepsen. Die gelbe Leuchtschrift, dann eine neue Schrift: Einen Moment bitte ... 15

»Es funktioniert!«, flüsterte Ben. »Er lädt das Spiel.«

Endlich zeigte der Bildschirm eine Stadt.

»Damit fing alles an«, erinnerte sich Ben. Er drückte schnell einige Tasten.

Niemand bekam mit, wie Ben es machte. Aber auf 20 einmal zeigte der Bildschirm endlos lange Zahlreihen.

Er drückte auf weitere Tasten. Die anderen verstanden überhaupt nicht, was dort vor sich ging. Dann war der Bildschirm plötzlich wieder schwarz.

»Das war's«, sagte Ben, während er tief ausatmete. 25 »Geschafft!«

»Geschafft?«, fragte Jennifer. »Aber da ist doch gar nichts!«

»Das Spiel ist umprogrammiert. Jetzt lade ich das Erwachsenenspiel.« 30

Ben lud das Spiel.

Es passierte ... nichts!

Der Bildschirm flackerte nicht, er blieb einfach schwarz.

5 Stille.

Ben versuchte es noch einmal. Er startete den Computer neu. Nichts.

»Es geht nicht«, stellte Ben fest. »Er lädt das Programm nicht, das wir austricksen wollte.«

10 »Was wollen wir jetzt tun?«, fragte Miriam.

Niemand sagte etwas.

Kapitel 23

Von draußen war plötzlich ein Lachen zu hören. Alle drehten sich erschrocken um. Was war das für eine Stimme? Da lachte doch kein Kind.

15 »Gut, Martha, wir sehen uns dann unten.« Jemand drückte den Türgriff nach unten. Die Kinder hielten die Luft an und blickten auf die Tür. Die ging auf und vor ihnen stand eine Frau.

Es war eine alte Frau in einem dunkelblauen Kittel.

20 Sie hielt einen Wassereimer in der Hand.

»Was macht ihr denn hier?«, fragte die Frau. »Hier ist doch längst geschlossen! Wo ist denn euer Klassenlehrer?«

»Unser was?«, fragte Miriam. Ihre Stimme zitterte.

25 »Na, euer Klassenlehrer«, antwortete die Frau. »Wenn ihr eine Rathausbesichtigung macht, wird ja wohl euer Klassenlehrer dabei sein.«

Die Kinder sahen die Frau mit großen Augen an.

»Was ist?«, fragte die Frau. »Seid ihr alle stumm? Ich

will wissen, wo euer Klassenlehrer ist.«

»Sind da draußen noch mehr von Ihnen?«, stammelte Ben.

Nun wurde die Frau ärgerlich. »Noch so eine Antwort und du kannst was erleben! Ich putze hier im Rathaus seit zwanzig Jahren. Ich habe es nicht nötig, mir solche Frechheiten anzuhören. Und jetzt raus hier!« 5

»Sie sind wieder da! Die Erwachsenen sind wieder da! Wir sind zurück!«, schrie Frank und rannte nach draußen. 10

Die anderen liefen hinterher. Ben nahm noch schnell die CD, die im goldenen Computer steckte. Dann lief auch er hinaus auf die Straße und blieb staunend stehen.

Auf der Hauptstraße standen die Autos im *Stau*. Sie 15 hupten. Die Fußgänger eilten an den Geschäften vorbei. Ein Omnibuss-Fahrer schloss die Türen direkt vor der Nase einer alten Oma und fuhr los. Zwei Polizisten standen an einer *Bude* und aßen *Bockwurst*.

»Wir sind wieder in unserer Welt«, bemerkte Miriam. 20

»Jetzt will ich aber wissen, was bei uns zu Hause los ist«, sagte Frank. »Wir sehen uns morgen in der Schule.«

Die anderen wollten auch endlich nach Hause und verschwanden in alle Richtungen.

---

der Stau, Schlange von Autos, die langsam oder gar nicht fahren
die Bude, siehe Zeichnung auf Seite 68
die Bockwurst, siehe Zeichnung auf Seite 68

die Bude

die Bockwurst

Kapitel 24

»Mutti, bist du da?«, rief Ben.

Seine Mutter steckte den Kopf aus der Küchentür.

»Hallo, Ben. Wir können gleich ... « Mehr konnte sie nicht sagen. Ben rannte zu seiner Mutter und fiel ihr
5 um den Hals.

»Mutti!«, rief er. »Schön, dass du wieder da bist!«

»Na, das ist ja heute eine nette Begrüßung!«, wunderte sich seine Mutter. »Hast du etwas *angestellt*?«

»Etwas angestellt?«, fragte Ben. »Du warst eine
10 Woche weg. Ihr ward alle eine Woche weg. Das heißt:

anstellen, etwas machen, was nicht erlaubt ist

68

Eigentlich war ich ja eine Woche weg.«
»Ben, was soll derUnsinn?«

Aufgeregt begann Ben, seiner Mutter die ganze
Geschichte zu erzählen. Ungläubig hörte seine Mutter
zu, während sie das Essen auf den Tisch stellte.

»Na, ja, und jetzt nach einer Woche sind wir endlich
wieder da!«

»So, so«, sagte seine Mutter. »Und wer war es, der
heute Morgen viel zu früh in die Schule lief? Nur, weil
ein Computerspiel auf ihn wartete?«

»Heute Morgen?«, schrie Ben verwirrt. »Aber das
war doch nicht heute Morgen! Das war vor einer
Woche!«

»Ben!«, sagte die Mutter ernst. »Ich weiß nicht, ob
es gut für dich ist, wenn du immer den ganzen
Nachmittag am Computer sitzt. Jetzt verwechselst du
schon deine Spiele mit der Wirklichkeit.«

»Aber, Mami, so glaub mir doch. Es war … «

Mitten im Satz klingelte das Telefon. Seine Mutter
nahm ab.

»Für dich«, sagte sie. »Jennifer.«

»Ben, meine Eltern glauben mir nicht!«, jammerte Jennifer. »Meine Eltern lachen nur. Kannst du nicht mit
ihnen reden?«

»Bei mir ist es genau so«, antwortete Ben traurig.
»Sag mal, ist dir auf dem Weg nach Hause etwas aufgefallen?«

»Es war alles wie immer«, sagte Jennifer. »Halt, die
Kneipe! Ihr hattet doch erzählt, die wäre abgebrannt
und auch der Laden daneben. Ich musste durch die
Straße durch. Alles stand wie immer!«

»Das dachte ich mir«, stöhnte Ben.

»Wieso?«

»Das Computerspiel ist beendet. Und wie jedes Computerspiel setzt es sich auf den Anfang zurück, damit man es wieder spielen kann. Alles ist dann wie vorher. Deshalb gibt es keine Spuren von unserer Woche.«

»Du meinst, das heißt ... «, wollte Jennifer fragen.

»Ja«, antwortete Ben sofort. »Das heißt, dass uns garantiert niemand glauben wird. Was wir erlebt haben, wissen nur die Kinder.«

Bens Mutter hatte in der Küche ihrem Sohn zugehört und schüttelte lächelnd den Kopf. Was ging nur im Kopf ihres kleinen Sohnes herum?

Sprachübungen

A. Setze der, die oder das ein:

Ich weiß, wo _____ Büro ist.

Heute war _____ Tag der Tage.

Plötzlich ist _____ Zauberer weg.

Ich bin _____ Chef, brüllte Kolja.

Ben stellt _____ Funkgerät wieder ein.

Er hatte _____ Spiel im Kaufhaus gesehen.

Morgen schreiben wir _____ Klassenarbeit.

Am Marktplatz steht _____ Brunnen auch still.

Dann waren _____ beiden Mädchen draußen auf der Straße.

Sonst war _____ Mutter immer pünktlich auf _____ Minute.

B. Setze ein Relativpronomen ein:

Max, _____ Thomas hilft.

Die Mutter, _____ihm das Schulbrot reicht.

Der Verkäufer, _____ im Kaufhaus arbeitet.

Menschen, _____ älter als fünfzehn sind.

Miriam, _____ Jennifers Freundin ist.

Der goldene Computer, _____ im Büro steht.

Das Auto, _____ nicht fährt.

Der Zettel, _____ unter den Tischen wandert.

Das Paket, _____ Frank mitbringt.

C. Setze die Verben in Klammern in die richtige Präsensform ein:

_____ Ben Recht? (haben)

Wir _____ das Spiel. (sein)

Du _____ fantastisch! (sein)

Die Kinder _____ ihn an. (sehen)

Ben _____ auf seine Uhr. (sehen)

Ich _____ keine Lust mehr. (haben)

Ben _____ vor der Glasvitrine (sitzen)

Alle _____ zum Lehrerzimmer. (rennen)

Alles _____ wie im Computerspiel. (sein)

Was _____ du da von einem Computerspiel? (reden)

D. Bringe die Wörter in den Sätzen in die richtige Reihenfolge:

auch - das - ich - nicht - verstehe

die - hoffnungslos - ist - Lage - nicht

treffen - uns - wieder - wir - wo - wollen

die - die - Ebene - Erwachsenenwelt - führt - in vierte

an - bewegungslos - Jennifer - seiner - steht - Zimmertür

betrachten - Computer - den - die - fünf - goldenen - Kinder

E. Was gehört zusammen?

1. Weißt du,
2. Festhalten!
3. Die Lage ist anders,
4. Es beweist,
5. Jennifer machte,
6. Frank ruft so laut,
7. Es ist nicht gut,

a. wenn du so lange am Computer sitzt.
b. schreit Norbert.
c. dass sie weg kam.
d. wo Norbert ist?
e. dass meine Theorie stimmt.
f. dass alle es hören können.
g. als du denkst.

F. Welche Erklärung passt zu welchem Wort?

1. Aula
2. Backofen
3. Bademeister
4. Bande
5. Büro
6. Chef
7. Kneipe
8. Schreibtisch
9. Schulhof
10. Schultasche

a. Arbeitsraum für eine Verwaltung.
b. Kleines, einfaches Lokal, wo man etwas trinken kann.

c. Person, die in einem Schwimmbad die Aufsicht hat.
d. Gruppe von Menschen, die gemeinsam etwas machen.
e. Großer Raum für Veranstaltungen in Schulen.
f. Mappe für Hefte und Bücher, die man mit in die Schule nimmt.
g. Teil eines Herdes, in dem z.B. Brot gebacken wird.
h. Leiter einer Gruppe.
i. Platz, auf dem sich Schüler während der Pausen aufhalten.
j. Möbelstück, an dem man schreiben und lesen kann.

Fragen

1. Warum hat Ben keine Zeit, richtig zu frühstücken?
2. Worauf wartet er vor der Schule?
3. Was macht Ben, als er wieder zu Hause ist?
4. Beschreibe den Anfang des Computerspieles.
5. Was wollen Jennifer und Miriam von ihm?
6. Warum sind sie sauer, als sie gehen?
7. Wie merkt Ben, dass etwas anders ist?
8. Beschreibe, was er sieht, als er auf der Straße steht.
9. Warum geht er zu Jennifer?
10. Welche Gedanken kommen ihm, als er hört, dass Jennifers Eltern weg sind?
11. Wie reagiert Jennifer auf das, was er ihr erzählt?
12. Beschreibe, was am nächsten Morgen auf dem Schulhof passiert?
13. Was machen die vielen Kinder im Einkaufszentrum?

14. Warum laufen Miriam und Jennifer ganz schnell zur Kinderkrippe?
15. Wonach suchen Ben und Frank im Lager des Einkaufszentrums?
16. Was erzählen Miriam und Jennifer, als sie mit dem Krankenwagen angefahren kommen?
17. Wie erklärt Ben den anderen, dass die kleinen Kinder auch verschwunden sind?
18. Was wollen die Kinder jetzt von Ben wissen?
19. Was schlägt Miriam vor?
20. Was machen Kolja und seine Freunde vor der Kneipe?
21. Warum kommen andere Kinder zu der brennenden Kneipe gelaufen?
22. Beschreibe, wie es ihnen gelingt, das Feuer zu löschen?
23. Was spielt sich am Abend in der Schulküche ab?
24. Was entdecken die Kinder am nächsten Tag?
25. Was hat Kolja vor?
26. Beschreibe Bens Plan.
27. Welche Rolle spielt Siggis Geburtstag?
28. Wie werden andere Kinder in der Stadt über alles informiert?
29. Beschreibe, was am Wasserwerk mit Miriam und Siggi passiert?
30. Wie will Ben Kolja austricksen?
31. Was wird Ben klar, als Kolja durch das Loch verschwunden ist?
32. Wie erklärt Ben den anderen Kindern, dass sie mittendrin im Computerspiel sind?
33. Beschreibe, was in den drei ersten Ebenen passierte.
34. Was erklärt Ben den anderen über die vierte Ebene?

35. Warum spielen die Kinder das Computerspiel nicht zu Ende?
36. Wie will Ben das Programm des goldenen Computers austricksen?
37. Woran merken die Kinder, dass sie »zurück« sind?
38. Warum findet Bens Mutter es nicht gut, dass er jeden Nachmittag am Computer sitzt?
39. Wie erklärt Ben Jennifer, dass es keine Spuren von ihrer Woche gibt?

Weitere Übungen
und Anregungen unter
www.easyreader.dk